INVENTAIRE.
A. N° 10942

N° 10

AF230601

UNIVERSITÉ DE FRANCE. ACADÉMIE DE TOULOUSE.

FACULTÉ DE THÉOLOGIE PROTESTANTE DE MONTAUBAN,

RECHERCHES

SUR LES

APOCRYPHES DU NOUVEAU-TESTAMENT.

THÈSE
Historique et Critique,

Publiquement soutenue le   mars 1850.

Par PONS, Joseph, de Négrepelisse (T.-et-G.)

MONTAUBAN.

IMPRIMERIE DE FORESTIÉ NEVEU ET COMP.,
Place de l'Horloge, 56.

1850.

RECHERCHES

SUR

LES APOCRYPHES DU NOUVEAU-TESTAMENT.

EXAMINATEURS:

MM. SARDINOUX, président de la soutenance.
JALAGUIER.
BONIFAS.
SARDINOUX.

RECHERCHES

SUR LES

APOCRYPHES DU NOUVEAU-TESTAMENT.

THÈSE

Historique et Critique,

PUBLIQUEMENT SOUTENUE

DANS LA FACULTÉ DE THÉOLOGIE PROTESTANTE DE MONTAUBAN,

Le   Mars 1850,

Par PONS, Joseph, de Nègrepelisse (T.-et-G.)

Bachelier ès-lettres,

POUR OBTENIR LE GRADE DE BACHELIER EN THÉOLOGIE.

MONTAUBAN,

IMPRIMERIE DE FORESTIÉ NEVEU ET COMP^e,

Place de l'Horloge, 36.

1850.

A MON PÈRE ET A MA MÈRE,

Témoignage d'amour et de reconnaissance.

———

A MON ONCLE LE PASTEUR CABOS.

RECHERCHES

SUR

Les Apocryphes du Nouveau-Testament.

———

INTRODUCTION.

Il existe des livres apocryphes portant les dénominations d'Evangiles, d'Actes et d'Apocalypses ; c'est là une vérité historique qu'on ne peut révoquer en doute. Partant de ce fait, les adversaires de l'histoire évangélique se sont fait une arme de ces écrits, en les opposant avec quelque apparence de vérité à ceux qui sont reçus par le monde chrétien comme faisant autorité.

Celse (¹), Porphyre et l'empereur Julien, dans les temps anciens, ont formulé cette objection de diverses manières. Dans les temps modernes, cette idée a reparu. Voltaire (²), ce représentant de l'in-

(1) Origène, dans son livre contre Celse, nous expose l'objection de ce philosophe. Il reprochait aux chrétiens de changer tous les jours leurs évangiles, en y ajoutant ou retranchant ce qui leur plaisait, afin de pouvoir par ce moyen rétracter ce qu'ils avaient une fois avancé.

(2) Nous trouvons dans Voltaire des fragments de l'Evangile de la Naissance de Marie, du Protévangile, de l'Evangile de l'Enfance et de Nicodème.

crédulité du dernier siècle, fut certainement dirigé par le désir d'infirmer l'autorité des livres sacrés, quand il fit publier dans ses œuvres quelques fragments des apocryphes du Nouveau-Testament. Strauss, lui aussi, s'est habilement appuyé sur ces productions supposées, afin de faire douter de la crédibilité de l'histoire évangélique. Au reste, on comprend aisément comment cette objection, si facile et si naturelle, a pu reparaître dans tous les temps ; on sent bien vite à quel point elle est capable de préoccuper des esprits désireux, soit de connaître la vérité, soit de soulever des difficultés. De nos jours, cette même objection pourrait naître dans l'esprit de plusieurs, avec d'autant plus de facilité, qu'on peut plus aisément rencontrer ces écrits ; ils viennent d'être traduits et publiés dans notre langue (1).

Dans ce travail, nous allons nous placer en présence de cette difficulté : Il a existé, dans l'antiquité, des Evangiles, des Actes et des Apocalypses apocryphes ; dès-lors nos Evangiles, nos Actes et notre Apocalypse ne le seraient-ils pas aussi ? Nous voulons montrer comment cette difficulté ne saurait subsister, quand on veut examiner sans préventions ces deux classes d'écrits au double point de vue historique et critique. Après cet examen, qui sera nécessairement incomplet, nous espérons cependant pouvoir légitimement tirer cette conclu-

(1) Les Èvangiles apocryphes, traduits et annotés d'après l'édition de Thilo, par Brunet.

sion : Les apocryphes du Nouveau-Testament portent un tel cachet de supposition et d'incertitude historique, qu'ils ne peuvent soutenir un instant la comparaison avec nos livres canoniques ; au point de vue critique , ils diffèrent tellement de nos écrits sacrés , qu'ils sont incapables d'infirmer en rien leur contenu.

On comprendra qu'il y ait beaucoup d'imperfections et de lacunes dans notre travail, quand on saura que ce sujet a été peu étudié jusqu'à aujourd'hui ; même en Allemagne , il n'y a pas de traités spéciaux sur cette matière (¹). Dans les volumineux écrits des auteurs critiques, dont le nombre est grand dans ce pays , on trouve ce sujet traité çà et là d'une manière incidente. Il n'est pas besoin de dire qu'en France on a presque complètement négligé ce travail ; quelques auteurs seulement en ont dit un mot en passant (²).

(1) Dans les 160 pages de prolégomènes, mises par Thilo en tête de son *Codex apocryphus*, on trouve seulement l'indication de quelques dissertations sur tel ou tel apocryphe en particulier.

(2) Elie du Pin, prolégomènes sur la Bible. Calmet. Michaëlis en fait mention dans une page. Beausobre. Richard Simon.

Des Apocryphes du Nouveau-Testament en général.

L'étymologie du mot apocryphe est évidente; c'est du verbe απoκρυπτω qu'il dérive. Si on s'accorde parfaitement sur l'origine de ce terme, il n'en est pas de même touchant le sens qu'on doit lui donner. On emploie cette expression pour désigner, tantôt des écrits dont l'origine est inconnue, *quorum origo non claruit patribus* (Augustin); tantôt des livres qui renferment des mystères, Ιωαννης λεγει εν αποκρυφοις, dit Grégoire de Nysse en parlant de l'Apocalypse; tantôt des livres contenant des choses que toutes les oreilles ne peuvent pas entendre, ou qui sont condamnables, et qu'en conséquence il faut tenir cachés, *quos in ecclesiâ legi noluerunt*, dit Rufin; tantôt enfin des livres appartenant à d'autres auteurs que ceux dont ils portent les noms, *non eorum quorum titulis prænotantur*. Peu à peu cependant tous ces sens se fondirent en un seul, et *apocryphe* demeura simplement opposé à canonique. Dans tout le courant de notre travail, ce mot ne peut être pris dans un sens différent.

Si nous nous transportons un moment, par la pensée, au milieu de cette époque si peu connue mais si intéressante de l'origine du christianisme, nous ne serons point étonnés de l'apparition des Apocryphes. Pendant son court passage sur la scène du monde, le Seigneur jeta un éclat si extraordinaire, qu'un grand nombre d'imaginations durent en être profondément frappées. Sa vie fut si admirable et si remplie de prodiges, son caractère tellement empreint de grandeur et d'élévation, sa doctrine tout à la fois si étonnante par son excellence, sa profondeur et sa sublime simplicité; les miracles par lesquels il prouva sa mission divine furent si éclatants et en si grand nombre; tout enfin dans la vie de notre Maître fut tellement en dehors du cours naturel des évènements, qu'on ne peut considérer un instant ce tableau sans songer à l'impression profonde que tout cet ensemble de faits dut produire sur ceux qui en furent les témoins. Cette impression, après sa mort et sa résurrection, fut sans doute encore plus grande et plus extraordinaire; elle dut même pendant longtemps aller en croissant.

Poussés par leur piété et par un zèle souvent mal éclairé, plusieurs composèrent des récits sur l'histoire évangélique; d'autres, ayant pour but d'accréditer certaines idées, insistèrent sur des points spéciaux de l'histoire de Jésus ou de l'enseignement apostolique. La constitution de l'Eglise nous fournit encore un moyen facile pour expliquer l'apparition des Apocryphes. Pendant les trois premiers siècles, il n'y a point eu d'autorité coercitive pour arrêter les écarts d'une piété mal éclairée, le zèle aveugle, les opinions extravagantes, les systèmes hostiles. Le rapide accroissement du nombre des Eglises, leur dispersion, toutes ces circonstances étaient propres à favoriser ceux qui, dans un bon ou mauvais but, voulaient composer des écrits. Le nombre des Apocryphes a donc dû être grand ; les noms de plusieurs ne nous sont sans doute point parvenus ; il en est dont nous possédons seulement quelques courts fragments ; pour beaucoup les titres seuls nous sont connus ; sept enfin nous sont arrivés dans leur intégrité et ont été récemment publiés (1).

(1) Thilo, en 1832, nous a donné le texte des apocryphes suivants :

Historia Josephi Fabri lignarii. —

Evangelium infantiæ, Protevangelium Jacobi Minoris, Evangelium Thomæ Israelitæ, Evangelium de Nativitate Mariæ, Historia de Nativitate Mariæ et de infantiâ Salvatoris, Evangelium Nicodemi.

Fabricius fait mention d'un grand nombre d'autres apocryphes, dont voici la liste :

Evangelium æternum, Evangelium Andreæ, Evangelium Apellis, Evangelium duodecim apostolorum, Evangelium Barnabæ, Evangelium Bartholomæi, Evangelium Basilidis, Evangelium Cerinthi, Evangelium Ebionitarum, Evangelium Encratitarum, Evangelium Evæ. Evangelium Gnosticorum, Evangelium secundùm Hebræos, Evangelium Joannis de transitu Mariæ, Evangelium Thaddæi, Evangelium Judæ Iscariotæ, Evangelium Leucii, Evangelia quæ falsavit Lucianus, Tria Manichæorum Evangelia, Evangelium Marcionis, Mariæ interrogationes majores et minores, Liber triplex de Nativate Mariæ, Liber transitus Mariæ, Evangelium Matthæi, Evangelium Matthiæ, Evangelium Pauli, Evangelium perfectionis, Evangelium Petri, Evangelium Philippi, Evangelium Simoniarum, Evangelium secundùm Syros, Evangelium Tatiani, Evangelium Thaddæi, Evangelium Valentini, Evangelium vivum.

Ailleurs, ce même auteur nous fait connaître d'autres écrits du même genre, dont voici les principaux :

Les Actes de saint Pierre, saint Paul, saint André, saint Thomas, des Apôtres, saint Philippe, de Paul et de Thécle.

Les Apocalypses de saint Pierre, saint Paul, saint Thomas, saint Etienne, du grand Apôtre, d'Abraham, de Seth et de Norie.

Comme le fait observer Fabricius dans son re-marquable travail, plusieurs de ces livres portent des titres divers, tout en étant les mêmes. Ainsi l'Evangile des Hébreux, des Nazaréens, des Douze Apôtres et de Saint-Pierre, ne sont, sous toutes ces dénominations, que l'Evangile hébreu de Matthieu, plus ou moins altéré. L'évangile des Ebionites, celui de Cérinthe, de Carpocrate, de Barnabé et de Barthélémy, sont encore des contrefaçons plus ou moins considérables de Matthieu. Plusieurs Pères ont appelé Evangile de saint Paul l'enseigne-ment de cet apôtre ; lui-même le nomme ainsi dans deux passages de ses Epîtres (¹). L'Evangile des Encratites est l'Harmonie que Tatien composa en fondant ensemble nos quatre Evangiles canoni-ques (²).

Les Apocryphes peuvent être rangés en deux classes ; chacune d'elles se distingue par le temps de sa composition et les matières traitées. Dans la première se rangent ceux qui portent des marques non équivoques d'ancienneté et sont plus purs de fausses tendances : tels sont les Evangiles des Hébreux, des Egyptiens et la prédication de Pierre. Les Apocryphes de la seconde classe sont de beau-coup postérieurs, et n'ont point été composés avant

Les liturgies de saint Pierre, saint Marc, saint Jacques, saint Matthieu.

Les lettres de Jésus à Abgare, de la Vierge, de saint Paul à Sé-nèque, de Jésus à Pierre sur les miracles.

(1) Rom., 1, 16 ; II Timot., 11, 8.

(2) Epiph. Hæres., 47.

la fin du second siècle. Ce fut après la mort des apôtres et de leurs premiers disciples qu'apparurent ces nombreux écrits, fabriqués dans un but plus ou moins dogmatique. Les auteurs de ces productions ne craignaient pas d'emprunter le nom d'un apôtre ou de l'un de leurs disciples pour mieux accréditer leurs écrits. Tels sont les Evangiles de Taddé, d'André, de Bartholomée et de plusieurs autres.

Nous allons examiner ces livres au point de vue historique. Nous passerons tout d'abord en revue ceux qui, remontant à une assez grande antiquité, sont simplement des excroissances, des corruptions de nos Evangiles canoniques. Viendront ensuite ceux dont l'antiquité est bien moins grande et les fausses tendances très-prononcées. Nous terminerons cet aperçu historique par les sept Apocryphes, sur lesquels nous ferons plus particulièrement porter nos investigations postérieures.

I.

LIVRES APOCRYPHES DU NOUVEAU-TESTAMENT

Considérés au point de vue historique.

Les Apocryphes dont l'antiquité est assez reculée, sont des altérations plus ou moins considérables de nos Evangiles ; cette première classe d'écrits est généralement désignée sous le nom d'Acanoniques.

Evangile des Hébreux, — *des Nazaréens*, — *des Douze Apôtres*, — *des Ebionites*. — Sous toutes ces dénominations on retrouve toujours l'original hébreu de Matthieu plus ou moins altéré, soit par omissions (1), soit par additions. Les chrétiens hébraïsants ne conservèrent pas longtemps leur Evangile dans sa pureté primitive, ce qui le fit bientôt regarder comme apocryphe ; à l'époque d'Origène (2) on le rejetait. Eusèbe le met parmi les écrits supposés. Les hébraïsants avaient fait plus qu'intercaler des erreurs dans l'original de Matthieu, ils y avaient mis même des détails ridicules. Ainsi le jeune homme à qui Jésus-Christ dit : Va, vends

(1) Les Chrétiens hébraïsants avaient retranché la généalogie, la conception miraculeuse, la visite des Mages, le massacre des enfants de Bethléem et la retraite en Egypte. Ils faisaient commencer leur Evangile comme celui de Marc.

(2) Orig., Homil. 8, in Matt.

ce que tu as et le donne aux pauvres (¹), se met, au dire de cet Evangile, à se gratter la tête en préparant sa réponse. Jérôme (²) extrait de ce même écrit les paroles suivantes, mises dans la bouche de Jésus-Christ. « Modo tulit me, mater mea, Sanctus Spiritus, in uno capillorum meorum. » L'Evangile des Douze Apôtres est, selon Origène (³), le même que celui des Hébreux ; les Judéo-Chrétiens l'appelaient ainsi parce qu'ils disaient le tenir du collège des Douze Apôtres. Le nom d'Evangile des Nazaréens et des Ebionites lui fut aussi donné parce qu'il se trouvait entre les mains de deux sectes Judaïsantes de ce nom. Chacune de ces sectes prenant pour point de départ l'Evangile Judéo-Chrétien, l'altéra à sa façon. Les Ebionites surtout se permirent un grand nombre de mutilations.

Evangile de Pierre. — Il parut un grand nombre de compositions sous le nom de Pierre. L'Evangile qu'on lui attribue faussement était celui de Matthieu, accommodé avec certaines tendances hérétiques. Selon Théodoret, les Nazaréens se servaient d'un Evangile portant ce nom.

Evangile de Cérinthe et de Carpocrate. — D'après Epiphane, cet évangile était le même que celui des Ebionites, mais moins complet.

Evangile des Egyptiens. — Parmi les Evangiles apocryphes celui-ci est l'un des plus anciens ; il

(1) Matt., 19, 26.
(2) Jérôme, in Mich., 7, 6.
(3) Orig. Homel. 8, in Matt.

paraît avoir été dans un rapport plus ou moins intime ave celui des Hébreux. Origène (¹) en fait mention, Clément Romain (²), Clément d'Alexandrie (³), Epiphane (⁴), Jérôme, nous ont laissé certains traits contenus dans cet écrit. Clément Romain, d'après cet Evangile, nous donne la réponse faite par Jésus-Christ à un homme qui lui demandait : «Quand finira le monde? » Jésus aurait répondu : « Lorsque deux ne feront qu'un, quand ce qui est au dehors sera dedans, et lorsque l'homme et la femme ne seront ni mâle ni femelle. »

Clément d'Alexandrie, en citant ce même passage y ajoute : « Et lorsque vous foulerez aux pieds les habits de votre nudité. » On trouvait encore dans cet écrit une certaine réponse de Jésus à Salomé. Salomé lui aurait demandé : « Jusqu'à quand les hommes mourront-ils? » Jésus répond : « Tant que vous autres femmes produirez des enfants. » « J'ai donc bien fait de n'avoir point d'enfant? » dit Salomé. Le Sauveur lui aurait alors répondu. « Nourrissez-vous de toute sorte d'herbes, à l'exception de celle qui est amère. » D'après cet Evangile, Jésus dit encore: « Je suis venu pour détruire les œuvres de la femme. » C'est là tout ce que nous avons de cette composition. Se fondant sur ces paroles, divers critiques ont formulé des conjectures touchant

(1) Orig., in Matt.
(2) Clem. Rom., Epist. ii, § 12.
(3) Clem. d'Alex., lib. iii. Strom.
(4) Epiph. Hæres, 62.

l'auteur ou les auteurs de cet apocryphe : l'hypothèse de Mill (1) nous paraît la plus probable. D'après lui, cet Evangile aurait été fait pour les premiers chrétiens de l'Egypte. Ces hommes aimaient les paraboles et les allégories, et donnaient un grand prix à la chasteté. Les fragments que nous avons cités semblent en effet justifier cette hypothèse.

Par l'expression *Mémoires des Apôtres*, souvent employée dans les écrits de Justin Martyr, ce Père désigne nos quatre Evangiles comme l'a démontré tout récemment Sémisch.

Evangile de Tatien, des Syriens, des Encratites. — Comme nous avons eu occasion de le dire, la composition de Tatien n'est qu'une harmonie de nos quatre Evangiles canoniques ; elle commencait par ces mots : εν αρχη ην ὁ λογος (2). L'Harmonie de Tatien paraît avoir porté le titre d'Evangile des Syriens. Ce même travail ayant été reçu par les Encratites, le nom d'Evangile des Encratites lui a aussi été donné.

Evangile de Marcion. — Irénée, Tertullien, Origène, Epiphane et Théodoret font mention de cette composition. De nos jours on s'est demandé si cet écrit existait avant celui de saint Luc et était l'un des πολλοι dont parle cet évangéliste ; ou bien s'il était simplement une altération de saint Luc. Olshausen et Hahn ont fait triompher la dernière opinion.

Marcion prétendait nous donner saint Luc épuré des additions faites par les Judaïsants ; c'est pour

(1) Mill, Proleg. 50, in Nov.-Test.
(2) Evang. de saint Jean, 1, 1.

un pareil motif qu'il rejetait complètement les trois autres Evangiles.

Evangile d'Appelle. — Appelle n'avait pas composé un Évangile nouveau, mais il avait altéré les vrais Evangiles, comme Origène (¹) le lui reproche. Epiphane nous donne ces paroles comme venant de cet écrit : Γινεσθε δοκιμοι τραπεζιται. Χρω γαρ, φησιν, απο πασης γραφης αναλεγων τα κρησιμα. Ces quelques mots nous révèlent suffisamment quelle devait être la tendance de l'ouvrage d'Appelle.

Evangile de Basilide. — Origène (²) fait mention de cet écrit ; ce n'était pas une composition originale, mais un travail en vingt-quatre livres sur nos Evangiles.

Jetons un rapide coup-d'œil sur certains livres apocryphes moins anciens, et auxquels on donne généralement le nom de Pseudépigraphes. Nous allons tout d'abord dire un mot de ceux dont nous connaissons seulement les titres ou de courts fragments, en réservant pour la fin de cette nomenclature les sept Apocryphes dont nous possédons encore le texte.

Faux évangiles d'Hésychius, de Séleucus, de Leucius, de Leucianus, de Barnabé, de Bartholomé, d'André. — Toutes ces compositions et beaucoup d'autres nous sont connues par le seul décret de Gélase (³).

<hr>

(1) Orig. epist. ad Ambros.
(2) Orig. Homil. in Luc.
(3) Voici le décret de Gélase :
Itinerarium nomine Petri, apostoli. quod appellatur S. Clemen-

Evangile d'Eve. — Les Gnostiques y faisaient débiter à Eve toutes leurs rêveries. Selon eux, Eve était une parfaite gnostique, qui avait reçu de grandes lumières dans son entretien avec le serpent. Fabricius nous donne deux fragments de cette composition : « Vidi arborem duodecim fructus quot annis ferentem, et dixit mihi : Hoc est lignum vitæ. » Et encore. « In arduo monte constiteram, cum ecce video procerum hominem et mutilum alium, indè vocem tonitrui instar exaudio: Propius igitur ad audiendum accedo ; tunc me hunc in modum est allocutus : Ego idem sum ac tu, et tu idem atque ego, et ubicunque tu es, illic ego sum, ac per omnia sum dispersus. Et undecunque volueris, me colligis, me vero colligendo temetipsum colligis. »

tis, libri viii. Apocryphum. Actus nomine Andreæ, apostoli, Apocryphi. Actus nomine Philippi, apostoli, Apocryphi. Actus nomine Petri, apostoli, Apocryphi. Actus nomine Thomæ, apostoli, Apocryphi. Evangelium nomine Thaddæi, Apocrypum. Evangelium nomine Thomæ, apostoli, quo utuntur Manichæi, Apocryphum. Evangelium nomine Barnabæ, Apocryphum. Evangelium nomine Bartholomæi, apostoli, Apocryphum. Evangelium nomine Andreæ, apostoli, Apocryphum. Evangelia quæ falsavit Lucianus, Apocrypha. Liber de Infantia Salvatoris, Apocryphus. Liber de Nativitate Salvatoris et de S. Marià et de obstetrice Salvatoris, Apocryphus. Liber qui appellatur Pastoris, Apocryphus. Libri omnes quos fecit Lentitius, discipulus diaboli, Apocryphi. Liber qui appellatur Actus Theclæ et Pauli, apostoli, Apocryphus. Revelatio quæ appellatur Thomæ, apostoli, Apocrypha. Revelatio quæ appellatur Pauli, apostoli, Apocrypha. Revelatio quæ appellatur Stephani, Apocrypha. Liber qui appellatur transitus S. Mariæ, Apocryphus. Liber qui appellatur sortes Apostolorum, Apocryphus. Liber qui appellatur laus Apostolorum, Apocryphus. Liber Canonum Apostolorum, Apocryphus. Epistola Jesu ad Abgarum regem, Apocrypha.

Après ce morceau Epiphane ajoute : Και ὦ της του διαβολου διασπορας !

Evangile de Jean, ou du trépas de la Vierge.—Cet Apocryphe peu connu, existe cependant dans quelques bibliothèques ; on ne connaît pas le nom de son auteur. Selon les uns ce serait Jean; selon d'autres, Jacques, frère du Seigneur. Gélase le cite dans son décret.

Evangile de Thaddé. — Fabricius doute qu'il y ait jamais eu un Evangile portant ce titre, car les anciens n'en parlent pas. Selon cet auteur, cette composition est identique à celle qui est désignée dans le décret de Gélase, sous le nom de Matthias; Origène (1) et Ambroise (2) lui donnent cette dernière dénomination.

Evangile de Judas Iscariote. — Irénée (3), Epiphane (4) et Théodoret en ont parlé ; nous n'en avons pas même des fragments. Selon Irénée les Caïnites en seraient les auteurs. Ces sectaires reconnaissaient deux vertus, l'une qu'ils nommaient sagesse, l'autre vertu inférieure; cette dernière était le partage du Créateur. La première, supérieure à celle du Créateur, aurait été pratiquée par Cain et les Sodomites. Coré et Judas avaient connaissance de ce principe supérieur, ce qui motivait leur opposition à la sagesse du créateur du monde. Il faut

(1) Orig., Homil. I, in Luc.
(2) Ambros., in Luc.
(3) Iren. contrà Hæres. . liber I.
(4) Epiph. Hæres., xxviii.

avouer que cet Evangile portait bien le nom qu'il méritait.

Les interrogations grandes et petites de Marie — Les Gnostiques faisaient usage de cet Evangile; selon Epiphane (¹), il était plein de blasphêmes. Ce Père nous fait un si noir tableau de ces hommes et de leur doctrine, qu'on se demande s'il n'a point été trop crédule ou égaré par la haine; il est difficile de croire à de pareilles énormités.

Evangile de perfection. — Au rapport d'Epiphane, les Gnostiques avaient fabriqué cet apocryphe pour propager leurs erreurs; il s'exprime ainsi touchant cet écrit: C'est un ouvrage diabolique, digne d'être appelé la consommation de la douleur et du deuil, plutôt qu'évangile de perfection.

Evangile de Philippe. — Les Manichéens et les Gnostiques avaient un évangile sous ce nom. Epiphane nous en rapporte un fragment (²) assez curieux, et tout à fait dans le genre des deux que nous avons cités de l'évangile d'Eve.

Evangile de Valentin, — de Vérité. L'Evangile des Valentiniens et l'Evangile de vérité sont les

(1) Epiph. Hæres., xxvi.
(2) Le Seigneur m'a découvert ce que l'âme devait dire, lorsqu'elle serait arrivée dans le ciel, et ce qu'elle devait répondre à chacune des vertus célestes : Je me suis reconnue et recueillie, et je n'ai point engendré d'enfants au prince de ce monde; mais j'ai arraché et extirpé les racines. J'ai réuni les membres ensemble : je connais qui vous êtes, étant moi-même du nombre des choses célestes. Ayant dit ces choses, on la laisse passer; que si elle a engendré des enfants, on la retient jusqu'à ce que ses enfants soient revenus à elle, et qu'elle les ait retirés des corps qu'elles animent sur la terre.

mêmes, comme nous l'apprend Irénée (¹). Epiphane nous rapporte le commencement de cet Apocryphe ; par ces quelques mots, nous pourrons avoir une idée de ce qu'il devait être :

« L'âme, d'une grandeur indestructible, souhaite le salut aux indestructibles qui sont parmi les prudents, les psychiques, les charnels, les mondains. Je vais vous parler des choses ineffables, secrètes, et qui sont élevées au-dessus des cieux, qui ne peuvent être entendues, ni par les principautés, ni par les puissances, ni par les sujets, ni par les rois, ni par personne, si ce n'est par l'entendement immuable. » Si tout le reste de l'Evangile était dans le genre de ce petit morceau, on devait difficilement y comprendre quelque chose.

Evangile de vie. — Les Manichéens s'en servaient ; mais comme pour beaucoup d'autres écrits de ce genre, le nom seul nous reste.

Evangile des Simoniens. — C'était l'Evangile des disciples de Simon-le-Magicien ; il en est fait mention dans les constitutions apostoliques (²). Au rapport de ces dernières, Simon et Cléobius avaient composé plusieurs livres dangereux, sous le nom des anciens patriarches et des apôtres. Dans ces livres, ils combattaient la création, la providence, le mariage, la loi et les prophètes.

Evangile éternel. — Cette composition est l'œu-

(1) Iren. adv. Hæres., lib. iii, cap. 15.
(2) Constit. apost., lib. vi, cap. 16.

vre d'un religieux mendiant du treizième siècle (¹). Selon l'auteur de cet écrit, l'Evangile de Jésus-Christ allait être aboli ; il se hâtait en conséquence d'offrir un Evangile nouveau qui devait être éternel.

Protévangile de Jacques-le-Majeur. — Ce serait en Espagne, sur une montagne du royaume de Castille, qu'aurait été trouvé cet Evangile en l'an 1559. On aurait en même temps découvert les reliques de saint Jacques et dix-huit livres écrits sur des plaques de plomb, dont quelques-uns, disait-on, étaient de la main de cet apôtre. Le mensonge étant trop fort et la fraude pieuse trop absurde, le pape Innocent XI condamna ces prodigieuses découvertes.

Nous ne parlerons pas des quatre (²) Liturgies faussement attribuées aux apôtres. Ces Apocryphes portent avec eux des marques si évidentes de fausseté, qu'on n'a qu'à les parcourir pour voir combien ont été maladroits ceux qui ont voulu les rapporter aux disciples immédiats du Seigneur. Ainsi, dans la liturgie de saint Matthieu, on y prie pour les papes, pour les rois, pour les patriarches et les archevêques ; les douze apôtres y sont invoqués ; on fait mention des quatre évangélistes, du Concile de Nicée, de Constantinople et d'Ephèse ; le symbole de Nicée, avec l'addition du *Filioque*, est indiqué comme devant être chanté. Une foule d'autres traits con-

___

(1) Fabricius, tom. I, pag. 337.
(2) Liturgies de saint Pierre, saint Marc, saint Jacques, saint Matthieu.

tenus dans ces liturgies en démontrent toute la fausseté. Dans la liturgie de saint Marc, il est parlé du calice, des sous-diacres, des moines, des religieuses. Dans celle de saint Jacques, il est question des confesseurs; on y prie pour ceux qui sont enfermés dans les monastères.

On composa aussi des Actes des apôtres (1) dont la fausseté est manifeste. Les actes de saint Paul avaient été faits par les Manichéens : Eusèbe et Philastre en font mention. Dans ces divers écrits on faisait dire aux apôtres que les âmes des bêtes et des hommes sont de même nature. Ou bien, on leur fait opérer des miracles pour faire parler des chiens et des moutons.

Il y eut encore de fausses Apocalypses (2), mais elles nous sont connues seulement par la mention qu'en font les Pères.

Avant de terminer notre énumération des écrits apocryphes, examinons au point de vue historique les sept dont nous possédons le texte : ce seront aussi les seuls que nous aurons à étudier plus loin. Deux de ces écrits se trouvent en arabe, l'Histoire de Joseph-le-charpentier et l'Evangile de l'enfance du Sauveur. Trois se lisent en grec, le Protévangile de Jacques, l'Evangile de Thomas et de Nicodème. Le texte des deux autres est en latin, l'Evangile de la

(1) Actes de saint Pierre, saint Paul, saint André, saint Jean, des Apôtres, de Philippe, de Thomas.

(2) Apocalypses de saint Pierre, de saint Paul, de Thomas, de saint Etienne, du grand Apôtre, d'Abraham, de Seth et de Norie.

nativité de Marie, et celui de la nativité de Marie et de l'enfance du Sauveur.

Histoire de Joseph-le-charpentier. — Par cette histoire, on a cherché à combler le silence de nos évangiles touchant Joseph. Comme pour la plupart de ces compositions, on ne peut en fixer l'époque; le contenu trahit des idées juives dans son auteur, qui vivait peut-être au quatrième siècle.

Protévangile de Jacques-le-Mineur. — Cette production reçut fort tard la dénomination de Protévangile; ce nom lui fut donné à cause des faits qu'elle contient. Dans l'antiquité on connaissait cet écrit sous le nom de Jacques l'hébreu. Les Pères de l'église, Origène, Epiphane et Grégoire de Nysse en font mention. Dans les dernières années du second siècle, Clément d'Alexandrie rapporte quelques uns des faits contenus dans cet Evangile, le plus ancien des sept dont nous nous occupons plus particulièrement. On trouve çà et là (¹) la trace de quelques idées gnostiques.

Evangile de l'enfance du Sauveur. — C'est une suite de fragments juxta-posés, provenant la plupart du Protévangile. Selon Guerike et Reuss, l'auteur pourrait être un Nestorien du cinquième siècle.

Evangile de Thomas. — Des sept Apocryphes qui nous ont été intégralement conservés, celui-ci est le plus extraordinaire; l'auteur fait faire à l'enfant Jésus une foule de miracles bizarres et parfois mé-

---

(1) Surtout dans les chapitres 8 et 25.

chants. Tout ce travail paraît être un commentaire maladroit de ces paroles de Luc (¹) : Le petit enfant croissait et se fortifiait en esprit, étant rempli de sagesse , et la grâce de Dieu était avec lui. On peut faire remonter cette composition à la fin du second siècle , car Origène la nomme dans l'une de ses homélies sur saint Luc (²), Ambroise (³) et Jérôme (⁴) en font mention.

Evangile de Nicodème. — Les anciens n'ayant point cité cet écrit, nous pouvons présumer qu'ils ne l'ont point connu. Mais les actes de Pilate, qui sont la base de ce livre, ont été connus par Justin Martyr (⁵), Tertullien , Chrysostôme (⁶), Epiphane (⁷). Selon Fabricius (⁸), cette composition attribuée à Nicodème ne saurait être fort ancienne , car on ne la trouve pas en grec; le latin en est très-barbare et a des tournures tout à fait modernes. Sous sa forme actuelle on ne peut la faire remonter qu'au cinquième siècle.

Evangile de la nativité de Marie. — Ce travail est un extrait du Protévangile, avec de longues additions sur la naissance de Marie.

Evangile de la nativité de Marie et de l'enfance du Sauveur. — C'est probablement la première par-

(1) Luc. ii, 40.
(2) Orig. Homil. 1, in Luc. Φερεται δε και το κατα Θωμαν ευαγγελιον.
(3) Ambroise, dans son commentaire sur Luc.
(4) Jérôme, dans sa Préface à saint Matthieu.
(5) Justin Martyr, Apol. i.
(6) Chrysost. Homil. vii.
(7) Epiph. Hæres. i.
(8) Fabricius, tom. i, pag. 215.

tie d'un ouvrage plus complet ; les détails qu'il renferme sont presque tous dans le Protévangile. Ces deux dernières compositions ne peuvent prétendre à une haute antiquité. D'après Guerike et Reuss on peut les faire remonter au sixième siècle.

Les Apocryphes du Nouveau-Testament manquent essentiellement de base historique, comme nous venons de le voir rapidement. Considérés à ce point de vue, ils ne peuvent nullement être comparés aux écrits de la Nouvelle-Alliance ; ils sont surtout incapables de soutenir la comparaison avec les homologoumènes. Tandis que les uns ont été universellement admis dès les premiers temps de l'établissement de l'Eglise et répandus en tout lieu en faisant autorité, les autres, même les plus anciens, n'ont été reçus que dans tel ou tel lieu, par telle ou telle catégorie de chrétiens, dont les idées s'éloignaient de la croyance générale sur des points particuliers. L'apparition des Acanoniques n'infirme en rien l'authenticité de nos quatre Evangiles, nous pouvons même dire qu'elle l'affermit ; ce que nous en savons nous conduit en effet aux résultats suivants. Quelques-uns d'entre eux différaient de nos canoniques par le nom seul ; tel était, par exemple, l'Evangile des Hébreux, bientôt altéré par les Judaïsants ; d'autres, tels que ceux de Marcion et de Tatien, étaient simplement des recensions ou des compilations de nos Evangiles, dont ils attestent ainsi l'existence. Bien plus, tandis que l'authenticité de nos canoniques est confirmée par des témoignages toujours plus nombreux jusqu'à la fin du second siècle et au commencement du troisième, où elle est généralement admise, l'histoire des Acanoniques nous est seulement connue par quelques mots équivoques et quelques obscures allusions de certains auteurs du troisième siècle. Au reste, les premiers Pères de l'Eglise n'ont point manqué de combattre dans leurs écrits les fausses tendances qu'on cherchait à accréditer au moyen de ces productions. Ils s'opposèrent aux hérétiques en s'appuyant sur la tradition et la conformité de croyance commune à toutes les Eglises fondées par les apôtres. Ainsi Epiphane dit : « Si quelqu'un, entreprend de corrompre les ordonnances des empereurs, on le convainc de fausseté en lui produisant des exemplaires fidèles tirés des archives du palais. Il en est de même, ajoute-t-il, des faux Evangiles composés par les hérétiques; on découvre aussitôt leur fausseté, en tirant des Eglises qui tiennent lieu d'archives les véritables Evangiles. » Irénée (¹) invoquait en vain contre les Gnostiques la tradition et le témoignage des Ecritures reçues par les Apôtres; les Gnostiques n'admettaient ni l'un ni l'autre de ces arguments; se mettant au-dessus des traditions et de l'ensei-

(1) Irénée, lib. iii, adv. Hæres., cap. 2. Ce Père nous dit, en parlant des Gnostiques : Cum autem ad eam iterum traditionem quæ est ab apostolis, quæ per successiones presbyterorum in Ecclesiis custoditur, provocamus eos, adversantur traditioni dicentes, se non solum presbyteris, sed etiam apostolis existentes superiores sinceram invenisse veritatem; apostolis autem admiscuisse ea quæ sunt legalia Salvatoris verbis.

gnement écrit des Apôtres, ils croyaient posséder des lumières supérieures, par lesquelles eux seuls pouvaient connaître la vérité et en être les dispensateurs.

Origène (¹), dans sa réponse à Celse, distingue les sectaires des véritables fidèles ; si les premiers ont altéré les livres sacrés, les seconds, dit-il, n'ont point falsifié les Evangiles. Dans ce même livre il affirme qu'en tout temps et en tout lieu il y a eu des exemplaires fidèles des livres saints. Augustin, dans sa polémique avec Fauste, lui reproche de rejeter contre l'autorité de toutes les Eglises les écrits des Apôtres, tandis qu'il recevait des livres apocryphes qui n'avaient aucune garantie d'authenticité (²). Pour lui, il s'appuie sur l'autorité des Eglises fondées dès les premiers temps de la religion chrétienne et sur le consentement des nations qui ont reçu des Apôtres les livres du Nouveau-Testament. Quant au témoignage de l'Eglise, il veut qu'on se soumette à l'autorité de celles qui sont les plus nombreuses et les plus considérées (³).

Quand donc les Pères voulaient juger si un

____

(1) Origène, liv. II, contre Celse.

(2) Augustin parlait ainsi en s'adressant à Fauste : Quid ages ? quo te convertes ? quam libri à te prolati originem, quam vætustatem, quam seriem successionis testem citabis.

(3) Aug., lib. II, de Doct. Christ., cap° 8. Tenebit hunc modum in scripturis canonicis, ut eas quæ ab omnibus accipiuntur Ecclesiis catholicis, præponat eis quas quædam non accipiunt. In eis vero quæ non accipiuntur ab omnibus, præponat eas quas plures gravioresque accipiunt, eis quas pauciores minorisque autoritatis Ecclesiæ tenent.

livre était admissible, ils en étudiaient la doctrine pour voir si elle était conforme à celle qu'on recevait dans les Eglises en général; ils s'informaient ensuite si ce livre était universellement adopté. Sérapion procéda de la sorte à l'égard de l'Evangile reçu par l'Eglise de Rhosse sous le nom de saint Pierre. Voici ce que cet évêque écrit aux fidèles de cette ville (3) : « Nous recevons, mes frères, la doctrine de Pierre et des autres Apôtres, avec le même respect que la doctrine de Jésus-Christ. Mais nous rejetons celle qu'on leur attribue faussement, et que les anciens n'ont point reconnue. Lorsque je suis venu vers vous, j'ai cru que vous marchiez tous dans le véritable chemin de la foi. Et comme je n'avais pas lu l'évangile qu'on présentait sous le nom de Pierre, je dis : puisque ce livre seul est un sujet de division, on peut le lire. Mais ayant appris depuis que ceux qui le présentaient cachaient leurs erreurs, je me hâterai de vous aller voir. Je sais maintenant à quelle secte et de quelle opinion est Marcien, qui s'engage dans des contradictions manifestes, et ne s'accorde point avec lui-même. Ayant lu cet évangile et l'ayant examiné, j'y ai trouvé plusieurs choses conformes à la doctrine du Sauveur, et quelques-unes aussi complètement contraires et certainement ajoutées. »

Les Pères ont donc agi avec circonspection, quand ils ont voulu apprécier l'authenticité d'un livre; ils ont eu pour se diriger dans leurs déci-

____

(3) Eusèbe, Hist. eccles., liv. VI, chap. 12.

sions des lumières suffisantes. S'ils ont seulement conservé et reconnu nos quatre Evangiles, c'est parce qu'ils sont les seuls dont l'authenticité a été admise de tout temps par l'Eglise universelle. « Voici, dit Origène (¹), ce que la tradition m'a appris touchant ces quatre Evangiles, les seuls reconnus sans contestation dans toute l'Eglise de Dieu qui est sous le ciel. » La circonspection et l'esprit critique dont les anciens docteurs de l'Eglise étaient animés, ne sauraient être mis en doute. Origène a eu en effet assez d'éléments pour diviser ces livres en trois classes. Dans la première, il range ceux qu'on peut regarder comme véritables et authentiques, βιβλια γνησια. La seconde contient ceux dont la fausseté est manifeste, νοθα. La troisième est celle des écrits mixtes et dont les auteurs étaient douteux, μικτα.

Eusèbe lui aussi fait une classification des écrits sacrés ; il a soin de bien distinguer ceux qui sont authentiques, incontestables, universellement reconnus, βιβλια ομολογουμενα, des douteux dont les auteurs sont peu certains, et qui n'ont pas le témoignage constant et perpétuel de toutes les églises, αντιλεγομενα. Enfin ce même Père fait une troisième catégorie de livres entièrement faux, dont les auteurs sont supposés et dont le contenu renferme une mauvaise doctrine, ατοπα και δυσσεβη.

De toutes les considérations historiques précédentes, nous pouvons légitimement tirer une con-

____

(1) Eusèbe, liv. vi, pag. 226.

clusion favorable à l'authenticité de nos Evangiles canoniques.

Les Pseudépigraphes ayant encore moins de base historique que les Acanoniques, nous pouvons affirmer qu'ils sont d'autant plus incapables d'ébranler en rien l'histoire évangélique. On ne peut, en effet, argumenter en s'appuyant sur le contenu d'écrits incertains, contre la vérité des faits historiques rapportés dans des livres dont les auteurs sont connus, et les récits reçus par l'Eglise entière. Mais, en raisonnant ainsi, nous paraissons conduire à la conclusion suivante : Les faits contenus dans les Apocryphes sont différents, opposés même à ceux de nos écrits sacrés. Il n'en est rien cependant, comme nous pouvons nous en convaincre en faisant une analyse rapide des faits évangéliques contenus dans les Apocryphes parvenus jusqu'à nous.

Les compositeurs de ces écrits supposés ont agi d'une manière assez étrange ; bien loin de nier les faits rapportés dans nos livres sacrés, ils les ont au contraire pris pour point de départ, et voici comment ils ont procédé. Ils donnent de fort longs développements sur les diverses circonstances de la vie du Seigneur, dont les écrivains sacrés n'ont dit qu'un mot. Matthieu, par exemple, nous dit brièvement : Marie fut fiancée à Joseph. Les Apocryphes partant de ce fait, nous racontent longuement leur histoire et les détails de leur mariage. Les évangélistes nous disent simplement : Marie enfanta à Bethléem où elle s'était rendue pour le dénombrement. Les compositeurs de ces écrits n'étant point satisfaits de cette simplicité, nous font alors un long exposé de cet évènement. Il en est de même pour tous les autres faits donnés en passant par les auteurs sacrés ; nous retrouvons ainsi dans ces compositions les différents traits de l'histoire évangélique.

Dans l'histoire de Joseph-le-charpentier se trouve longuement rapporté le mariage de Joseph et de Marie. La conception miraculeuse, le dénombrement ordonné par César Auguste, l'enfantement de Marie, la fuite en Egypte, la mort d'Hérode, tous ces détails sont contenus dans les neuf premiers chapitres de cette histoire. L'Evangile de l'enfance nous fournit des données à peu près pareilles. Au chapitre II nous trouvons le voyage de Joseph et de Marie se rendant à Bethléem à cause du dénombrement. Marie met son fils au monde ; au huitième jour l'enfant Jésus est circoncis. L'histoire de Siméon est rapportée au chapitre VI. Les mages viennent se prosterner devant le fils de Dieu. Hérode, craignant cet enfant, cherche à le faire mourir ; vient ensuite le long récit de la fuite en Egypte et le retour en Judée. Les cinq derniers chapitres sont destinés à nous montrer Jésus dans Jérusalem et en particulier dans le temple, où il étonne les plus grands docteurs. Les huit premiers chapitres du Protévangile de Jacques, nous offrent le tableau des plaintes et des prières d'Anne sur sa stérilité ; ces prières sont exaucées, Marie lui est enfin donnée, pour devenir plus tard l'épouse de Joseph. Au chapitre onzième se trouve l'annonciation, au douzième la visite de Marie à Elisabeth ; vient ensuite l'histoire du dénombrement, et de l'enfantement de Marie. Cet Apocryphe se termine par l'adoration des mages et le massacre des enfants de Bethléem. L'évangile de Thomas ne renferme qu'un seul fait ; dans le dernier chapitre Jésus-Christ nous est représenté dans le temple, assis au milieu des docteurs. L'Evangile de la nativité de Marie et de l'enfance du Sauveur ajoute aux faits déjà indiqués, l'adoration de la prophétesse Anne et de long détails sur la visite des mages. Enfin l'Evangile de Nicodème nous donne le récit amplifié des derniers moments de la vie du Christ ; Pilate, le peuple et le Sauveur sont tour à tour mis en scène ; tout le fond de ce récit est puisé dans nos Evangiles. Pilate, sur les instances du peuple, accorde malgré lui tout ce qu'on lui demande, Jésus est crucifié entre deux larrons, on partage ses vêtements. Après la mort du fils de Dieu, le soleil s'obscurcit, le voile du temple se déchire en deux parties. Joseph d'Arimathée vient demander le corps du Seigneur, afin de l'ensevelir dans un tombeau neuf qu'il avait fait construire pour lui-même. La descente et le séjour de Jésus dans le lieu des morts, la résurrection et l'ascension se trouvent indiquées et développées dans cet écrit.

Tels sont les faits contenus dans les Apocryphes

parvenus jusqu'à nous, tel est le thème sur lequel leurs auteurs ont travaillé. Tous ces développements donnés aux faits simplement jetés dans nos évangélistes, prouvent évidemment combien les amplificateurs ajoutaient foi à leurs récits. Des précédentes considérations, touchant les Apocryphes de la seconde classe, nous tirons la conclusion suivante : Loin d'infirmer la vérité des faits consignés dans les écrits canoniques, ces Apocryphes confirment ces mêmes faits, puisqu'ils les contiennent et les amplifient.

II.

DES APOCRYPHES DU NOUVEAU-TESTAMENT

Considérés au point de vue critique.

L'examen critique dont nous avons à nous occuper, doit se borner, comme nous l'avons dit plus haut, aux sept Evangiles dont le texte nous est intégralement parvenu. Si nous voulions cependant nous arrêter aux quelques paroles des Acanoniques encore conservées, afin de tirer quelques conclusions en faveur de nos quatre Evangiles, nous trouverions qu'elles trahissent, malgré leur haute antiquité, des vues particulières et peu conformes à l'esprit du christianisme. L'Evangile des Egyptiens, par exemple, dans les quelques mots qui nous sont connus, s'attache à recommander fortement le célibat. La perte de ces écrits est d'autant plus fâcheuse, qu'ayant été faits à une époque assez rapprochée de l'apparition de nos livres sacrés, les arguments tirés de leur opposition avec ces derniers pourraient être d'autant plus forts. Ce contraste nous montrerait comment nos Evangiles ne peuvent être l'œuvre d'hommes pareils aux autres, car alors on trouverait dans ces écrits le reflet des idées, des passions, des préjugés admis au temps de leur apparition, et non cette vérité nouvelle et sainte, cette grandeur étonnante, cette simplicité exempte de faux brillants et d'efforts dont est frappé tout lecteur non prévenu de nos Evangiles.

Si l'étude des Apocryphes nous a démontré clairement leur défaut complet de base historique, tout en nous fournissant un argument en faveur de l'authenticité de nos Evangiles canoniques et de la vérité des faits qu'ils rapportent, l'examen critique de ces mêmes livres, en mettant de nouveau en évidence l'impossibilité d'assimiler ces deux catégories de productions, nous démontrera surtout la divine supérioriété de nos livres sacrés. — Pour atteindre ce but, nous tracerons d'abord le tableau de la personnalité du Christ, telle que nous la trouvons dans ces livres supposés. Ce premier point nous conduira tout naturellement à nous demander comment leurs auteurs comprennent le miracle. Nous verrons enfin quelle est la valeur de l'enseignement et, par conséquent, de la morale des Apocryphes. Nous pourrons nous convaincre, par cette comparaison, combien il est impossible de confondre l'œuvre de Dieu avec celle des hommes. Ni le salut des âmes, ni l'amour pour le Sauveur, ni le besoin de dire la vérité, ces motifs internes si élevés, ne sont entrés pour rien dans les préoccupations des auteurs apocryphes. Aucun n'a été poussé par ce but divin, si clairement énoncé par saint Jean, quand il nous dit : «Ces choses ont été écrites, afin que vous croyiez que Jésus est le

Christ, le Fils de Dieu, et qu'en croyant vous ayez la vie en son nom (1). » Les Apocryphes, cherchant avant tout à faire de l'effet et à frapper l'imagination, planent sans cesse dans le domaine du prodigieux et sont toujours éloignés de l'application et de la vie pratique. Cette tendance très-prononcée leur imprime un caractère mesquin, puéril, souvent contradictoire. Ces écrits sont sans dignité, pleins de trivialités et de maladresses, incapables de former un ensemble de quelque valeur. Les canoniques, au contraire, sont pleins de clarté, de simplicité et de grandeur. Ils sont empreints d'un esprit religieux et vivant; leur but est profondément moral; ils cherchent à éclairer, à améliorer et sanctifier l'homme, en réveillant le sérieux dans l'intimité de l'âme et de la conscience. Les uns traitent le divin et le surnaturel d'une manière convenable, c'est-à-dire avec profondeur et spiritualité; les autres rabaissent au contraire le divin et le surnaturel à des proportions étroites et ridicules. C'est ainsi qu'en voulant élever la personne du Christ, ils la déshumanisent complètement sans réussir à la diviniser. La lecture de ces faux Evangiles n'aurait pas arraché à Rousseau les aveux sublimes connus de tout le monde.

(1) Jean, xx, 31.

De la personne du Christ d'après les Apocryphes.

Il suffit d'avoir lu une seule fois nos Evangiles canoniques, pour être pleinement convaincu que la personne du Christ y occupe toujours le premier plan. Les miracles même opérés par Jésus, ne détournent jamais notre attention au point de nous faire oublier celui qui les produit ; au contraire, ils sont uniquement destinés à faire mieux apprécier et plus vivement ressortir cette personnalité divine d'où ils émanent tout naturellement. Il n'en est pas de même dans les Evangiles apocryphes ; trois de ces compositions (¹) ont pour but principal, non la glorification de Jésus, mais de son entourage ; avant tout, ils cherchent à nous donner une très-haute idée de la sainte famille et principalement de la Vierge. Deux autres (²) sont, il est vrai, plus particulièrement destinés à relever sa personne, au moyen des miracles qu'on lui fait opérer, depuis l'âge le plus tendre jusqu'à sa douzième année. Un dernier (³) apocryphe s'attache à nous montrer le Christ dans ses moments suprêmes, et s'étend principalement sur sa descente triomphale aux enfers.

(1) L'histoire de Joseph-le-charpentier, le Protévangile de Jacques-le-Mineur, l'Evangile de la Nativité de Marie et de l'Enfance du Sauveur.

(2) L'Evangile de l'Enfance de Jésus et l'Evangile de Thomas l'Israélite.

(3) Evangile de Nicodème.

Mais ces livres ne nous donnent l'histoire de Jésus qu'à trois moments de sa vie : son enfance, sa passion et sa descente aux enfers. Cette observation nous fournit un premier contraste frappant et significatif entre les deux classes d'écrits que nous comparons. Deux (1) de nos Canoniques, en effet, ne nous disent rien de l'enfance du Sauveur, pas un ne mentionne sa descente aux enfers ; avant tout, ils portent notre attention sur sa vie active, son ministère, sa mort tragique et sa résurrection. Nous pouvons pressentir déjà combien le Christ apocryphe doit différer du Christ canonique. La suite va pleinement confirmer ce pressentiment.

Selon l'Evangile de l'enfance, Jésus, encore au berceau, dit à sa mère : « Moi, que tu as enfanté, je suis Jésus, le Fils de Dieu, le Verbe, ainsi que te l'a annoncé l'ange Gabriel, et mon Père m'a envoyé pour le salut du monde. » Il est à peine né, qu'une vertu puissante s'échappe de sa personne ; c'est ainsi que la sage-femme, appelée par Joseph, est purifiée dès l'instant où elle a posé sa main sur l'enfant. Depuis son entrée en Egypte jusqu'à son retour en Judée, Jésus ne cesse de produire un grand nombre de miracles. Le premier jour de la fuite en Egypte, la sainte famille est obligée de s'arrêter dans une grande ville, ne pouvant passer outre, car la fatigue du voyage avait brisé la courroie de la selle. Dans ce lieu se trouvait l'idole la plus vénérée du pays ; au moment où Joseph et

(1) Marc et Jean.

Marie arrivaient à une hôtellerie peu éloignée de l'idole, les habitants de la ville furent saisis de consternation, et tous les princes et les prêtres se réunirent au tour de leur Dieu, en lui demandant : « D'où vient cette consternation, et quelle est la cause de cette terreur qui a envahi notre pays ? » Et l'idole répondit : « Cette épouvante a été apportée par un Dieu ignoré qui est le Dieu véritable, et nul autre que lui n'est digne des honneurs divins, car il est véritablement le Fils de Dieu [1]. » Après avoir ainsi parlé, l'idole tomba, et avec elle toutes les fausses divinités de l'Egypte. Si tel est le premier miracle accompli par Jésus en Egypte, voici sa première prophétie. Une nuit, ils traversaient un désert, quand tout-à-coup ils aperçurent deux voleurs appelés Titus et Dumachus. Le premier offrait un présent au second, pour qu'il laissât les voyageurs passer en paix. Marie le bénit à cause de cette bonne intention, et l'enfant dit alors à sa mère : « Dans trente ans, ô ma mère ! les Juifs me crucifieront à Jérusalem, et ces deux voleurs seront mis à mes côtés, Titus à ma droite et Dumachus à ma gauche, et ce jour-là Titus me précèdera dans le Paradis. » Nous ne nous arrêterons pas plus longtemps sur les miracles nombreux [2], singuliers [3]

---

(1) Evangile de l'Enfance, chap. x.

(2) Depuis le chapitre x jusqu'au xxv, nous trouvons une suite non interrompue de miracles.

(3) Tel est, par exemple, le miracle du mulet. Trois femmes pleuraient sur le triste sort de leur frère changé en mulet ; quand elles surent combien était grande la puissance du fils de Marie,

et souvent bizarres (¹), accomplis par l'enfant Jésus pendant son séjour en Egypte, où il en aurait fait une foule, selon les expressions de cet Evangile.

En Judée, Jésus opère encore beaucoup de prodiges, non directement, mais par la vertu puissante qu'il communique aux objets dont il fait usage. Ainsi, l'eau dans laquelle on l'a plongé guérit aussitôt les enfants malades; le lit où il a dormi a la même puissance ; Marie accomplit un grand nombre de prodiges en prêtant les langes dont elle a enveloppé l'enfant; plusieurs personnes possédées du démon se trouvent délivrées ; le feu et l'eau ne peuvent nuire à ceux qui ont reçu l'un de ces précieux objets (²).

elles furent aussitôt trouver cette dernière, et lui dirent : « O Marie! notre maîtresse, prends pitié de tes servantes, car notre famille est dépourvue de son chef, et nous n'avons pas un père ou un frère qui entre ou qui sorte devant nous. Ce mulet que tu vois est notre frère, et des femmes l'ont, par leurs sortiléges, réduit à cet état. Nous te prions donc d'avoir pitié de nous. » Alors Marie, touchée de compassion, souleva l'enfant Jésus et le plaça sur le dos du mulet, et elle pleurait, ainsi que les femmes, et elle dit : « Hélas! mon fils, guéris ce mulet par un effet de ta grande puissance, et que cet homme recouvre la raison dont il a été privé. » A peine ces mots étaient-ils sortis de la bouche de Marie, que le mulet reprit aussitôt la forme humaine et se montra sous les traits d'un beau jeune homme, et il ne lui restait nulle difformité.

(1) Au chapitre xv de l'Evangile de l'Enfance, nous lisons : « Marie arrivait dans une ville, en portant le Seigneur Jésus dans ses bras. Une jeune mariée, muette, l'apercevant, étendit ses mains vers l'enfant, le prit dans ses bras, et le serra contre son sein, en lui donnant beaucoup de baisers. Aussitôt le lien qui retenait sa langue se brisa. »

(2) Voyez l'Evangile de l'Enfance, depuis le chap. xxvi jusqu'au xxxv.

Depuis l'âge de sept ans jusqu'à douze, Jésus ne fait plus de miracles par l'intermédiaire de Marie, mais il les accomplit lui-même. S'amusant avec des enfants de son âge, il façonnait avec de la terre détrempée diverses images d'animaux, de loups, d'ânes, d'oiseaux, et chacun vantant son ouvrage s'efforçait de l'élever au-dessus de celui de ses camarades. Alors le Seigneur Jésus dit aux enfants : « J'ordonnerai aux figures que j'ai faites de se mettre à marcher. » Il ordonna en effet aux animaux de marcher, de se rapprocher, de s'éloigner; et ils obéissaient, les oiseaux volaient à son commandement et prenaient la nourriture qu'il leur donnait. Joseph, mauvais ouvrier, gâte-t-il quelque pièce, Jésus, étendant sa main, répare à l'instant ses maladresses. Le roi de Jérusalem ordonne à Joseph de lui faire un trône; après deux ans de travail cette œuvre est achevée; mais quand on voulut le placer, il manquait de chaque côté deux spithames à la mesure fixée (¹). Joseph était dans la désolation; Jésus, apprenant le motif de sa peine, le rassura et lui ordonna de prendre un côté du trône, il saisit l'autre, et, tous deux tirant fortement, ils obtinrent la mesure voulue. Marie commande un jour à son fils d'aller chercher de l'eau; mais quand il soulève la cruche, elle se brise : l'enfant recueille alors dans son manteau l'eau répandue et l'apporte ainsi à sa mère. Un jeune gar-

(1) Il y avait diverses sortes de spithames : la plus usitée de ces mesures correspondait à la moitié de la coudée grecque.

çon tombe du haut d'un toit, un autre est mortellement blessé par un serpent; Jésus, plein de compassion, rend la vie au premier et la conserve au second.

Les miracles faits par le fils de Marie ne sont pas toujours aussi bienfaisants ou aussi insignifiants. Ainsi l'Evangile de Thomas nous rapporte qu'un jour de sabbat, il faisait des oiseaux avec de la boue et les plaçait ensuite autour d'un petit bassin qu'il venait de construire. Le fils d'Anne, le Scribe, étant venu, détruisit son ouvrage en faisant écouler les eaux qu'il avait ramassées. Jésus, irrité, lui dit : « Homme injuste, impie et insensé, quel tort te faisait cette eau? Tu vas être comme un arbre frappé de sècheresse et privé de racines, qui ne produit ni feuilles ni fruits. » Et aussitôt l'enfant se dességcha tout entier. Un autre enfant le heurte en courant; Jésus, irrité, lui dit : « Tu n'achèveras pas ton chemin, et aussitôt il tomba mort. Un maître d'école chez lequel il est conduit, se permet un jour de lever la main pour le frapper ; à l'instant sa main se dessécha et il mourut. Pendant son enfance, il était à ce point dangereux, que Marie dit à Joseph : « Dorénavant, il ne faudra plus laisser l'enfant sortir de la maison, car quiconque s'oppose à lui est frappé de mort. » Après quelques miracles de cette espèce, Joseph l'admoneste en l'avertissant que s'il continue à agir de la sorte, ils seront bientôt persécutés. Par considération pour Joseph, il consent à suspendre de tels prodiges, mais cependant il frappe d'aveuglement tous ceux qui se plaignent de lui. Voyant ces choses, Joseph se permit de lui tirer fortement l'oreille (¹); il faillit, il est vrai, s'en repentir grandement.

Joignons un dernier trait à ce tableau. Jésus possède toutes les sciences; son grand savoir éclate quand on le conduit auprès de certains maîtres d'école qu'il étonne et confond par ses grandes lumières (²). Dans le temple de Jérusalem, il explique non-seulement la loi et les prophètes, mais il expose à un astronome le nombre des sphères et des corps célestes, leur nature et leur opposition. Avec un philosophe très-versé dans la médecine et les sciences naturelles, il discourt sur la physique, la métaphysique, l'hyperphysique (³) et l'hypophysique, et un grand nombre d'autres choses que l'intelligence d'aucun homme n'a pu saisir.

Les Apocryphes, passant sous silence la vie de Jésus depuis douze ans jusqu'au moment de sa passion, omettent ainsi complètement les trois années de son ministère, cette époque la plus intéressante et la plus importante de sa carrière terrestre. L'Evangile de Nicodème nous fournit seul quelques traits qui s'y rapportent. Cet écrit se compose de deux parties bien distinctes; la première étant empruntée à nos Evangiles, ne contient presque rien de nouveau. — Nous y lisons le miracle des ensei-

(1) Ιδοντες δε, οτι τοιουτον εποιησεν ο Ιησους, εγερθεις (ο Ιωσηφ) επελαβεν αυτου το ωτιον, και ετιλε σφοδρα.
(2) Evangile de Thomas, chap. vii.
(3) Evangile de l'Enfance, chap. li et lii.

gnes romaines s'inclinant naturellement devant Jésus, malgré la résistance des porte-étendards ('). On y trouve encore ces quelques mots échangés entre Jésus et Pilate. Pilate lui ayant demandé: « Qu'est-ce que la vérité ? » « La vérité vient du ciel, » répondit-il. — « Il n'y a donc pas de vérité sur la terre ? » — « Vois, répond Jésus, comment ceux qui disent la vérité sont jugés par ceux qui tiennent en main la puissance terrestre. »

Après sa résurrection, il aurait apparu à Joseph d'Arimathée ; celui-ci, voyant Jésus éclatant de lumière, tomba sans le reconnaître. « Lève-toi, lui dit alors le Maître ; regarde qui je suis. » Joseph s'écrie : Rabboni Elie. — «Je ne suis point Elie, mais Jésus de Nazareth, que tu as enseveli. » Pour le lui prouver il le conduit au tombeau, où ils ne trouvent que des linges ; puis il le mène à sa maison et le quitte en le bénissant. La seconde partie de ce même Evangile nous montre le Christ dans un troisième moment de sa vie ; il renferme un long récit de sa descente aux enfers.

Deux fils du grand prêtre Siméon (Carinus et Leucius), ressuscités à la mort du Sauveur, se trouvaient à Arimathée. Quelques Juifs, au nombre desquels était Joseph d'Arimathée, vont trouver ces deux hommes, les suppliant de leur raconter ce qui s'était passé dans le séjour des morts quand Jésus y fut descendu. Carinus et Leucius tremblaient et soupiraient, regardaient le ciel et faisaient sur

(1) Evangile de Nicodème, chap. VII.

leur langue le signe de la croix; ne pouvant parler, ils écrivirent le récit suivant : « Ils s'étaient trouvés avec les Pères, au sein d'une grande obscurité; tout d'un coup une lumière éclatante se fit : Adam, les Patriarches, les Prophètes et le vieillard Siméon, annoncèrent la venue du Sauveur. La foule des Saints devenait de plus en plus joyeuse ; Jean-Baptiste entra pour raconter ce qui s'était passé au baptême, et dit qu'il avait été envoyé pour annoncer l'arrivée de Jésus. Sur l'ordre d'Adam, Seth rapporte aux Patriarches et aux Prophètes ce que l'archange Michel lui avait appris. Jésus-Christ, disait-il, devait descendre sur la terre pour porter aux croyants le beaume de la compassion, et introduire même le père Adam dans le paradis. Satan invite l'enfer à se fortifier contre Jésus, qui se vante d'être le fils de Dieu, et n'est qu'un homme redoutant la mort, déjà tenté sur la terre et exposé à la haine des Juifs. Cependant l'enfer s'effraie ; il a ouï parler de la puissance de Jésus, qui lui a déjà arraché Lazare. Enfin apparaît le Seigneur de gloire sous la forme d'un homme : les ténèbres se dissipent, les chaînes des captifs sont brisées, la mort et l'enfer se reconnaissent vaincus. Jésus frappe la mort, livre Satan à la puissance de l'enfer, et prend Adam et sa postérité justifiée, qu'il délivre tout entière. David chante un cantique de louanges ; Abacuc, Michée, tous les Saints et tous les Prophètes l'imitent ; tous ensemble conduits par Michel l'archange, s'avancent en chantant vers le ciel. Ils rencontrent deux vieillards, Hénoc et Elie, qui ne sont pas encore passés par la mort, ils vivent jusqu'au jour de l'Antéchrist; tués par lui, ils doivent ressusciter après trois jours et demi et être emportés sur les nuées. Pendant cet entretien, arrive un malheureux portant sur son dos le signe de la croix : c'est le brigand crucifié avec Jésus et envoyé par lui en paradis ; en y entrant il apprit d'un ange qu'Adam et ses fils sanctifiés allaient arriver.» — Ce sont là, écrivaient en terminant Carinus et Leucius, les mystères divins et sacrés que nous vîmes et entendîmes ; il ne nous est pas permis de poursuivre: l'archange Michel nous l'a défendu.

Tel est le Christ apocryphe : ce tableau ne suffit-il pas pour nous montrer combien il diffère profondément du Christ de nos évangiles canoniques? Ceux-ci nous font pressentir par quelques mots, pleins de simplicité et de grandeur, l'histoire toute simple de sa jeunesse. Nous lisons dans saint Luc : Jésus croissait en sagesse, en stature et en grâce devant Dieu et devant les hommes (¹). Quelle enfance au contraire les apocryphes ne prêtent-ils pas au Sauveur! Ils le représentent en dehors de tout développement humain. Quelques jours après sa naissance, il parle et annonce à sa mère ce qu'il est et l'œuvre qu'il vient faire. En Egypte, il a déjà une claire connaissance de ce qui doit lui arriver, il prédit sa crucifixion et celle des deux larrons. A douze ans il possède tous les secrets de la divinité

(1) Luc, ii, 52.

et de la création. Dès sa naissance il est donc tout ce qu'il sera plus tard ; nul progrès, nul accroissement, rien qui corresponde au passage de Luc que nous venons de citer.

Les Apocryphes nous offrent ainsi en Jésus, non une nature renouvelée, embellie, mais une nature bouleversée et intervertie. Plein de vanité et d'orgueil, il aime à montrer sa puissance par des miracles sans utilité et sans aucune portée (¹). Bien plus, cette vanité et cet orgueil se changent parfois en une méchanceté peu commune. Le contrarie-t-on dans ses jeux, il frappe de mort l'audacieux qui a osé ainsi l'interrompre (²) ; un enfant le heurte-t-il en passant, il le fait mourir aussitôt ; son maître d'école essaie-t-il de le menacer, il tombe mort sur-le-champ ; il va même jusqu'à frapper d'aveuglement ceux qui blâment ces actions. Il inspire la terreur et la crainte à tous ceux qui l'environnent ; c'est un petit tyran tellement méchant et rancuneux, qu'il faut lui défendre de sortir afin de prévenir de nouveaux malheurs.

Sous ces traits, il nous est impossible de reconnaître le Sauveur, doux et humble, dont les actions (³)

---

(1) Tels sont les miracles des oiseaux et celui qu'il opère chez le teinturier Salem. Jésus étant entré dans la maison d'un teinturier, nommé Salem, et y trouvant des étoffes de différentes couleurs, il les jeta toutes dans la chaudière. Le teinturier se mit en colère ; mais Jésus, retirant les étoffes, donna à chacune la couleur que désirait Salem.

(2) Le fils d'Anne.

(3) Nous n'avons qu'à nous rappeler les divers actes accomplis par Christ pendant son ministère, pour voir éclater sa grande

et les paroles (¹) furent dans la suite empreintes d'une bonté céleste et d'une sagesse divine. Dans un tel tableau nous ne pouvons découvrir celui qui allait de lieu en lieu en faisant le bien et qui parlait ainsi à la foule : « Aimez vos ennemis, bénissez ceux qui vous maudissent, faites du bien à ceux qui vous outragent et qui vous persécutent (²). » Les auteurs de ces compositions font consister la valeur du Christ dans sa grande science, son pouvoir arbitraire sur la nature ; ils en font un roi magicien, un Théurge dont les actes n'ont aucune portée morale. Comment comparer ce Christ avec celui de nos Evangiles ? Plein d'élévation et de grandeur, ce dernier prouve sa divinité par son enseignement incomparable, par son activité surhumaine, par sa personnalité spirituelle, religieuse, divine, dans laquelle viennent se confondre et s'unir dans une admirable harmonie les contrastes les plus frappants : la sévérité et la douceur, la plus grande humilité et la plus sublime élévation, une volonté toute puissante et une exquise sensibilité, une ardente haine contre le péché et une inouïe condescendance d'amour envers le pécheur. Du sein de cette personnalité céleste et pure, dans laquelle s'unissent avec amour la lumière, la vérité et la vie, le miracle s'échappe

bonté et sa miséricorde.

(1) Le discours sur la montagne nous montre suffisamment combien grande était sa sagesse.

(2) Matt., v, 44.

comme de lui-même. Bien loin de nous étonner et de nous effrayer, le Christ des Canoniques nous subjuge et nous entraîne, et il force ceux qui le considèrent sans préventions à se jeter à genoux et à s'écrier avec Pierre: « Tu es le Christ, le fils du Dieu vivant. »

Du miracle d'après les Apocryphes.

Les remarques précédentes touchant la personne du Christ, seraient à la rigueur suffisantes pour nous faire connaître ce qu'est le miracle dans les Apocryphes et la place qu'il doit y occuper. En partant de ce principe: Tel homme, telles œuvres, nous pourrions exposer aussitôt les principaux caractères des miracles dont nous allons nous entretenir. Jésus étant considéré comme un magicien puissant, comme un simple instrument d'une force qui lui est inhérente ('), et non comme une personnalité divine, le miracle apocryphe manquant ainsi de ce point central, de ce milieu divin où il doit prendre sa source, devra être nécessairement arbitraire, singulier, sans but. C'est ce dont nous allons nous convaincre plus amplement, en examinant à ce point de vue ces curieuses productions.

(1) Cela est surtout vrai, quand on fait opérer des miracles aux linges dont on l'enveloppait, à l'eau dont on le lavait.

Voici comment nous est représentée dans le Protévangile de Jacques, l'admiration du monde et de la création tout entière à la naissance de Jésus-Christ: «Quand Joseph sortit de la caverne où Marie devait mettre son fils au monde, il vit le pôle arrêté, l'air obscurci, les oiseaux suspendus au milieu de leur vol. Regardant à terre, il vit une marmite pleine de viande préparée, et des ouvriers dont les mains étaient dans la marmite; mais au moment de manger, ils ne mangaient pas, et ceux qui voulaient porter quelque chose à leur bouche n'y portaient rien, et tous tenaient leurs regards élevés en haut. Et les brebis étaient dispersées; elles ne marchaient point, mais elles demeuraient immobiles, et le pasteur élevant la main pour les frapper de son bâton, sa main restait sans s'abaisser. Et regardant du côté d'un fleuve, il vit des boucs dont la bouche touchait l'eau, mais qui ne buvaient pas, car toutes choses étaient en ce moment détournées de leur cours (1).» Jésus dans sa crèche de Bethléem est adoré par les animaux qui se trouvaient dans ce lieu (2). Dans la fuite en Egypte, la sainte famille se reposa dans le voisinage d'une caverne; plusieurs dragons sortirent de la caverne; Jésus se leva alors du sein de sa mère, se dressa devant les dragons, et ceux-ci de s'enfuir après l'avoir adoré. Les lions et les léopards se prosternaient devant lui et lui enseignaient le chemin.

(1) Protévangile, chap. XVIII.
(2) Evangile de la Nativité de Marie et de l'Enfance du Sauveur.

Dans leur compagnie les lions et les loups se mêlaient pacifiquement aux bœufs et aux bêtes de
somme. Sur l'ordre de Jésus, un palmier inclina
sa tête et laissa cueillir ses fruits par Marie; puis,
sur un nouvel ordre de l'enfant, il reprit sa position
première ; des racines de ce même arbre jaillit
l'eau la plus pure et la plus fraîche. Un rameau
de ce palmier fut porté par un ange dans le paradis.
Quand la chaleur devient très ardente, Jésus abrège
le chemin, et la sainte famille fait dans un jour ce
qu'elle n'aurait pu faire que dans trente.

L'histoire de Joseph, rapportée aux disciples par
Jésus lui-même, renferme d'autres détails singuliers et des miracles sans portée. Joseph, malgré
son extrême vieillesse, n'éprouva aucune infirmité
corporelle : la vue ne le quitta point et aucune des
dents de sa bouche ne tomba, son esprit ne connut
jamais un moment de délire ; il portait dans toutes ses occupations la vigueur de la jeunesse. Quand
la mort s'approcha du vieillard, avec toutes les
puissances de l'abîme, Jésus la repoussa ainsi que
la foule de ses ministres. Il invoqua aussitôt son
père, et bientôt arrivèrent Michel, le prince des anges, et Gabriel, le héraut de la lumière ; ces messagers célestes, prenant l'âme de Joseph, la plièrent
dans un linceul éclatant et la conduisirent au lieu
qu'habitent les justes; deux autres anges enveloppèrent, sur l'ordre de Jésus, le corps de Joseph. Quand
les habitants de la ville voulurent environner les
restes du vieillard de bandes d'étoffes, selon l'usage

répandu parmi les Juifs, le linceul adhéra au corps si fortement, que, lorsqu'ils cherchèrent à l'enlever, il resta sans pouvoir être déplacé, et il avait la dureté du fer, et ils ne purent trouver en ce linceul aucune couture indiquant les extrémités.

L'histoire de Marie, surtout, est pleine d'un merveilleux puéril et occupe une grande place. Marie est annoncée par un ange à Joachim et à Anne, tout deux profondément affligés de n'avoir pas d'enfant. Quand Marie eut six mois, sa mère la mit à terre pour voir si elle savait déjà marcher, elle fit sept pas et revint ensuite dans ses bras. Dès l'âge de trois ans elle fut portée dans le temple ; avant d'y parvenir il fallait monter quinze degrés ; les parents placèrent l'enfant sur le premier degré et seule elle franchit tous les autres (¹). Dans le temple, le prêtre la plaça sur le troisième degré de l'autel, et Dieu lui envoyant sa grâce, elle tressaillit de joie et se mit à danser. Elevée comme une colombe, dans le temple du Seigneur, un ange lui apportait sa nourriture ; quand elle eut atteint sa quatorzième année, les Prêtres lui cherchèrent un époux, cet ordre ayant été donné à Zacharie par l'ange du Seigneur. Les hommes non mariés de la maison et de la famille de David devaient venir avec des baguettes, et celui dont la baguette fleurirait ou sur laquelle se reposerait le Saint-Esprit sous la forme d'une colombe, devait être l'époux de Marie. Tandis que le Grand-Prêtre rendait à chacun la baguette qu'il

(1) Evangile de la Nativité de Marie.

avait apportée, une colombe sortit de celle de Joseph et alla se placer sur sa tête.

Comme nous pouvons nous en convaincre par ces quelques exemples et par ceux que nous avons précédemment cités, nous trouvons dans les Apocryphes miracle sur miracle, et nous marchons d'étonnement en étonnement. Les auteurs de ces écrits cherchent avant tout à produire de l'effet, à exciter l'admiration : les prodiges qu'ils rapportent, puérils et bizarres, s'adressent uniquement à notre imagination. Dans ces miracles on ne tient compte d'aucune donnée naturelle, c'est pourquoi il n'y a en eux ni régularité, ni mesure; ils sont complètement incroyables. Ce ne sont même plus des miracles, mais une suite de prodiges (portenta) ridicules, grossiers, sans liaison et sans but. Procédant d'une puissance aveugle, ils consistent uniquement en des manifestations physiques, et tendent à peine à produire un bienfait matériel. Nous trouvons dans ces prodiges l'empreinte des passions humaines, la curiosité, la vanité, la vengeance. Le miracle pour le miracle, voilà comment nous pouvons caractériser le merveilleux des Apocryphes. Il en est tout autrement dans les Canoniques : pour ces derniers, le miracle n'est pas quelque chose d'isolé, mais de dérivé, c'est une manifestation particulière de la grande apparition du Christ. Ils partent de ce principe : Le pouvoir de suspendre les lois naturelles marche de pair avec un grand développement de vie religieuse et spirituelle. Les Apocryphes, au contraire, excluant ce dernier terme, font naître Jésus avec cette puissance; elle lui est inhérente et n'a aucun rapport avec sa personnalité. Au reste, pour mieux nous convaincre de la fausseté des miracles renfermés dans les Apocryphes, et d'un grand nombre d'autres qu'on peut ranger dans la même catégorie, demandons-nous quelles sont les conditions exigibles et indispensables pour le miracle.

Tout miracle doit avoir un milieu bien déterminé et essentiellement spirituel (1). Le milieu est à la fois spirituel, en tant qu'il suppose dans celui qui le fait une personnalité religieuse, et dans celui qui le reçoit une certaine disposition morale; et matériel, en tant qu'il tient à l'ensemble des choses sensibles (2); il doit avoir de plus un but religieux et moral, qui seul peut le légitimer.

Examinés avec ce critère, les miracles apocryphes et tous ceux de leur espèce perdent immédiatement leurs titres à la créance, nous pouvons aisément nous en convaincre. — Les miracles attribués au Christ pendant son enfance, perdent aussitôt leur valeur, car ils ne sont nullement le résultat d'une personnalité spirituelle, religieuse, divine, produisant naturellement le miracle. Nous avons vu, en effet, comment les Apocryphes font de l'enfant Jésus un redoutable et capricieux magicien. Ce milieu essentiellement spirituel manque surtout quand le miracle est opéré par le

____

(1) Voyez sur ce point Ullmann, Historique ou Mythique, § iv.
(2) Ainsi le miracle de l'aveugle Bartimée, Marc, x, 46 à 53.

linge dont on enveloppe l'enfant ou par l'eau dont on le lave ; amulettes ridicules, dont l'invention n'a pu se produire qu'à la suite d'une bien fausse idée du christianisme et de la personne de son fondateur. Dans cette même catégorie de prodiges, la disposition morale n'est jamais mise en lumière [1]; des besoins purement matériels suffisent pour déterminer l'activité du thaumaturge. La base morale tombant, il ne faut pas s'étonner si le but de ces faits extraordinaires est essentiellement vain [2] quand il n'est pas mauvais [3].

Les miracles contenus dans les Canoniques sont tout autrement graves et dignes ; dans leur production il y a de la mesure et du bon sens. Nos évangélistes nous les exposent avec la simplicité et le calme qu'inspire la vérité ; leur réunion forme un ensemble de faits moraux, procédant d'une personnalité théanthropique. Dans une telle personnalité, ce pouvoir miraculeux ne saurait nous étonner; et comme nous l'avons déjà dit, il est même tout naturel. La foi et un certain état d'âme est exigé de ceux pour qui se fait le miracle. Nous lisons, en effet, dans saint Mathieu [4]: «Comme Jésus partait de là, deux aveu-

______

(1) On ne trouvera pas un seul miracle attribué à l'enfance du Sauveur qui satisfasse à cette condition indispensable.

(2) Tels sont les prodiges accomplis par Jésus, afin de réparer les maladresses de Joseph.

(3) Jésus en faisant mourir le fils d'Anne, l'enfant qui le heurte, et le maître d'école, est toujours poussé par le désir de la vengeance.

(4) Matt., IX. 27 à 29. Nous pourrions citer plusieurs autres exemples : les dix lépreux, Luc, XVII, 12; le lépreux dont parle Matt., I, 40; la femme travaillée d'une perte de sang, Matt., IX,

gles le suivirent, criant et disant : « Fils de David, aie pitié de nous. » Et quand il fut arrivé à la maison, ces aveugles vinrent à lui, et Jésus leur dit : « Croyez-vous que je puisse faire cela ? » Ils lui répondirent : « Oui, Seigneur. » Alors il leur toucha les yeux, en leur disant : « Qu'il vous soit fait selon votre foi. » Si le Christ remplit la première condition sans laquelle il lui serait impossible de produire de telles œuvres, la seconde condition n'est pas moins mise en lumière par l'exemple précédent. La troisième condition se trouve aussi parfaitement remplie, car la sublimité du but des miracles canoniques les justifie pleinement, et est plus que suffisante pour nous les faire admettre. La fondation du royaume des Cieux, n'est-ce pas le but divin auquel se rapportent tous les faits miraculeux contenus dans nos évangiles ?

Sans entrer dans des considérations de détail, dont la longueur serait trop grande, nous pouvons dès maintenant affirmer qu'il est impossible d'établir une comparaison entre les miracles contenus dans les deux sortes d'écrits dont nous nous occupons. Nier les uns, parce que les autres sont inadmissibles, c'est nier le jour parce qu'il fait nuit ; c'est vouloir anéantir la vérité, parce qu'il existe des erreurs ; c'est confondre l'œuvre de Dieu avec celle de l'imagination humaine.

20 ; le paralytique fort adroitement introduit dans la maison où se trouvait Jésus-Christ, Marc, VIII, 3.

De l'enseignement des Apocryphes.

Faisons ressortir maintenant, par quelques courtes considérations, la profonde opposition qui existe entre l'enseignement des Apocryphes et celui de nos Canoniques. Autant ce dernier est important et remarquable, autant le premier est insignifiant et nul. On ne saurait s'étonner de cette nullité, quand on songe comment Jésus est le centre et le principe de l'enseignement, tout aussi bien que des miracles. Le Christ des Apocryphes ayant donc perdu toute signification, il en sera de même de leur enseignement. Nous pourrions arriver au même résultat, en considérant cette collection bizarre de livres et de récits brisés, fragmentaires, sans but général, sans liaison des parties diverses dont ils se composent, sans rapport avec les données d'un temps précis ni avec les besoins de l'humanité. Le merveilleux remplit à un tel point ces légendes, qu'il n'y a point de place pour l'enseignement ; dans les sept écrits dont nous avons parlé, il n'est pas une sentence digne d'être recueillie. Au lieu de cette unité profonde d'esprit et de foi, caractère saillant de nos Canoniques, les Apocryphes montrent toujours une tendance particulière et poursuivent un but visiblement faux et fort mal déguisé. Ils représentent les préoccupations de quelques hommes très-bornés et très-personnels, dont le but tout humain a été de répandre une idée qui leur était propre; parfois, c'est une objection à laquelle ils veulent répondre; souvent c'est la curiosité qu'ils tâchent de satisfaire. Etudiées à ce point de vue, ces compositions supposent à-la-fois un développement et une corruption du christianisme. Dans l'Histoire de Joseph, nous trouvons l'idée de la Trinité très-clairement développée et exprimée. En parlant de la Conception de Marie, l'auteur de ce récit met dans la bouche de Jésus ces paroles : « Marie, ma mère, m'enfanta sur la terre par un mystère qu'aucune créature ne peut pénétrer ni comprendre, si ce n'est moi, mon Père et le Saint-Esprit, constituant avec moi une unique essence (1). » Joseph, avant de mourir, s'accuse du péché originel et confesse la divinité de Jésus (2). La doctrine de l'ange gardien se trouve à plusieurs reprises dans cette composition. Joseph, quelque temps avant sa mort, en est averti par un ange ; la crainte s'emparant de lui, il se lève et va prier dans le temple à Jérusalem. Là, il supplie Dieu de lui accorder le secours de l'ange qui le garde depuis le jour où il a été formé. Obéissant à la prière de Jésus, deux anges viennent prendre l'âme du vieillard Joseph pour la conduire au lieu qu'habitent les justes. Au chapitre vingt-sixième, nous trouvons une idée millénaire (3). Le

(1) Histoire de Joseph, chap. 11.
(2) Histoire de Joseph, chap. xvii.
(3) Jésus dit, en parlant du corps de Joseph : Il ne périra aucune portion de ton corps, mon fils Joseph ; mais il restera entier et sans corruption jusqu'au festin de mille ans.

culte des saints, et en particulier celui de Joseph, est vivement recommandé; de grandes promesses sont faites à celui qui célèbrera sa fête. Tout enfant appelé de son nom, ne s'aurait être atteint par l'indigence, ni par la mort qui ne finit point.

Marie joue un très-grand rôle dans les Apocryphes; plusieurs paraissent avoir été uniquement consacrés à accréditer certaines idées touchant la Vierge (¹). Ces récits ne forment nullement une histoire, mais une fable pleine d'arbitraire; on tient surtout à nous démontrer sa virginité. Ce désir nous explique tous les longs détails du premier mariage de Joseph, duquel il aurait eu quatre enfants; sa vieillesse est un point capital sur lequel ces écrits insistent fortement. L'ardent désir de prouver, d'une manière péremptoire, que Marie est restée toujours vierge, jette ces auteurs dans des détails assez délicats (²). Ces compositions renferment donc un certain dogmatisme touchant la Trinité, le péché originel, le règne de mille ans, l'ange gardien, l'invocation des saints, le culte de Marie. Mais tout cela n'est nullement scripturaire; ce n'est pas là cette doctrine vitale de la régénération des hommes, de l'amour miséricordieux du Sauveur pour l'humanité souffrante et corrompue, dont nos Evangiles font le but unique de leur enseignement.

---

(1) Le Protévangile, l'Evangile de la Nativité et de l'Enfance.
(2) Telle est, au chap. xix du Protévangile, l'enquête faite par Salomé.

Ces principes divins, dont l'enseignement canonique est le produit, donnent à la morale évangélique une grandeur, une élévation devant laquelle même les plus grands adversaires se sont inclinés. Les Apocryphes ne possédant pas de tels principes, leur morale est en rapport avec leur enseignement; elle est même d'autant plus déprimée et faussée, que la personnalité du Christ apocryphe est rabaissée jusqu'à la méchanceté.

—

Il faut enfin borner notre travail; arrêtons-nous donc, et tirons nos conclusions.

Les Apocryphes du Nouveau-Testament, manquant essentiellement de base historique, ne peuvent nullement être opposés aux écrits de la Nouvelle-Alliance.

L'apparition des Acanoniques n'infirme en rien l'authenticité de nos quatre Evangiles; nous affirmons, au contraire, qu'elle en est une preuve frappante.

Les Pseudépigraphes, parvenus jusqu'à nous, confirment pleinement la vérité des faits de l'histoire évangélique, puisqu'ils les contiennent ou les supposent.

Si l'examen historique des Apocryphes a pu nous conduire aux conclusions précédentes, la discussion du point de vue critique nous donne les résultats suivants :

L'immense infériorité des Acanoniques, montre que nos quatre Evangiles ont été composés sous une certaine direction toute spéciale de Dieu.

Le Christ apocryphe, avec toutes ses imperfections, fait d'autant plus ressortir la divine grandeur et la divine activité du Christ canonique. Le merveilleux dont on s'est plu à environner, dans la suite des temps, la tête de l'enfant, bien loin d'infirmer les évènements extraordinaires de sa vie postérieure, ne peut servir qu'à les confirmer, vu la loi constante de la tradition populaire, que l'éclat dont un homme a éclairé le monde dans son âge viril, se reflète sur sa jeunesse.

Au point de vue des miracles, s'il n'y a nulle comparaison à établir entre ceux des Evangiles canoniques et ceux des Apocryphes, la fausseté de ces derniers fait plus vivement ressortir la vérité des premiers. Il en est de même pour l'enseignement et la morale contenus dans ces deux sortes d'écrits.

Après cette étude, nous sentons notre foi s'affermir, notre cœur battre de cette joie pure, et jouir de ce calme précieux qu'inspire la certitude d'une importante vérité.

Vu par nous, Président de cette Thèse.

SARDINOUX, Professeur.

La Faculté ne prétend approuver ni désapprouver les opinions particulières du candidat.

ERRATA.

P. 15, lig. 7, au lieu de : été dans, *lisez* : offert

P. 22, — 21, au lieu de : on y prie, *lisez* : on prie.

P. 25, — 7, au lieu de : en font mention, *lisez* : en font égale-
ment mention.

P. 26, — 5, au lieu de : peut les faire remonter au , *lisez* : ne
peut les faire remonter qu'au.

P. 28, — 19, au lieu de : de l'église, *lisez* : des églises.

P. 28, — 32, au lieu de : quœ, *lisez* : que.

P. 30, — 4, au lieu de : tous temps, *lisez* : tout temps.

P. 31, — 19, au lieu de : supposé, *lisez* : supposés.

P. 32, — 26, au lieu de : Jésus dans, *lisez* : Jésus à.

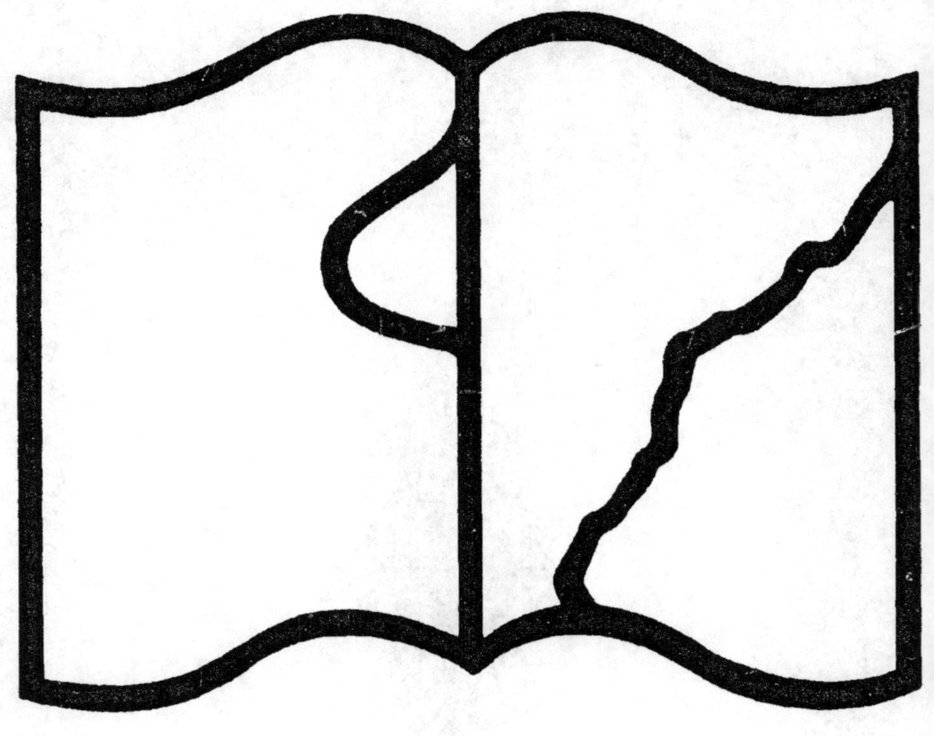

Texte détérioré — reliure défectueuse

NF Z 43-120-11

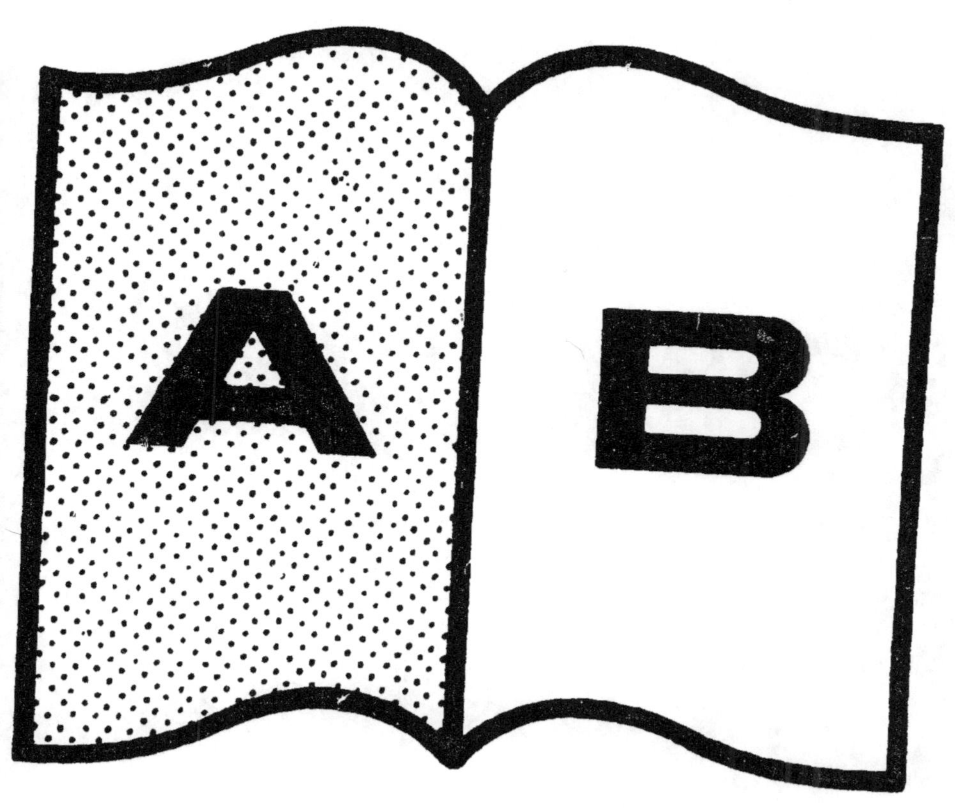

Contraste insuffisant

NF Z 43-120-14

www.ingramcontent.com/pod-product-compliance
Lightning Source LLC
Chambersburg PA
CBHW051141050726
47594CB00003B/1192